AF267055

UNE VILLE HÉROÏQUE

DISCOURS

POUR

L'ANNIVERSAIRE DE LA DÉFENSE DE CHATEAUDUN

PAR

LE R. P. MONSABRÉ

des Frères Prêcheurs

SE VEND AU PROFIT
DE LA VILLE DE CHATEAUDUN

PARIS

JOSEPH ALBANEL, LIBRAIRE

7, Rue Honoré-Chevalier, 7

M · DCCC · LXXII

UNE

VILLE HÉROÏQUE

A LA VILLE DE CHATEAUDUN

ET

A SES DÉFENSEURS

*Nous soussignés avons lu, par ordre du
T. R. P. Provincial, le discours du T.
R. P. Monsabré, intitulé :* Une Ville
héroïque, *et en avons approuvé l'im-
pression.*

Fr. Paul MONJARDET,
Prédicateur général.

F. Thomas FAUCILLON.

IMPRIMATUR.

Fr. Bernard CHOCARNE,
P. Provincial.

CHATEAUDUN, IMPRIMERIE HENRI LECESNE

UNE
VILLE HÉROÏQUE

DISCOURS

POUR

L'ANNIVERSAIRE DE LA DÉFENSE DE CHATEAUDUN

PAR

LE R. P. MONSABRÉ

des Frères Prêcheurs

SE VEND AU PROFIT

DE LA VILLE DE CHATEAUDUN

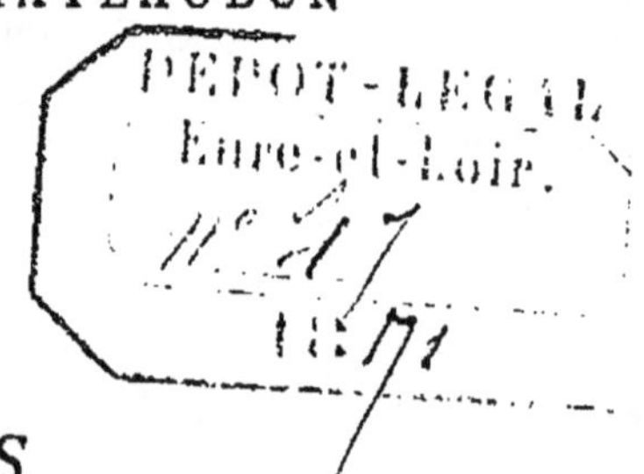

PARIS

JOSEPH ALBANEL, LIBRAIRE

7, Rue Honoré-Chevalier, 7

M · DCCC · LXXII

AU LECTEUR

On s'est ému, dans une certaine presse, du discours que j'offre présentement au public. Quelques journaux se sont contentés de dire honnêtement que la politique y tenait une trop large place; mais les gens de couleur y ont vu une manifestation de parti. *La Cloche,* en particulier, s'est mise en volée pour prévenir son monde contre mon *débordement d'éloquence.* Le sonneur s'appelle

Édouard Sylvin, et s'exprime en ces termes :

« Mais retournons à l'église, où un domi-
« nicain, le P. Monsabré, je crois, pro-
« nonce un discours très-étrange. Ce prêtre
« a profité de l'occasion, non pour rendre
« hommage aux braves morts pour la
« patrie, non pour relever le patriotisme
« dans le cœur des assistants en faisant
« scintiller dans leur esprit l'espérance
« d'un avenir meilleur; non, il a fait autre
« chose. Il a insulté le gouvernement du
« 4 septembre, les Parisiens et Gambetta;
« il a prononcé un discours politique con-
« cluant à la restauration de Henri V et
« surtout au renversement immédiat de
« la République. Ce monsieur paraît pressé.
« Le public n'a pas fort bien accueilli ce
« débordement d'éloquence. Gambetta a

« beaucoup d'amis à Châteaudun. Et puis,
« malgré tous les Longueville, tous les
« Guiche et tous les Dunois du passé,
« le légitimisme n'a pas laissé de racines
« dans cette petite ville. C'est un des rares
« endroits où l'on sache gré à la République
« d'avoir sauvé l'honneur de la France en
« continuant la lutte; il est vrai de dire
« aussi que Châteaudun est un des rares
« endroits où l'on ait eu le courage de
« résister à l'ennemi.

« Le dominicain n'a pas eu de succès.
« Mais n'admirez-vous pas cet esprit de
« cléricalisme qui trouve moyen de se fau-
« filer partout, qui prend tous les prétextes
« pour étendre sa conspiration du men-
« songe et de la calomnie et qui, ne
« pouvant mordre, bave au moins sur tout

« acte qui peut honorer la République et
« les républicains. »

Je ne puis pas faire l'apologie de ma
parole ; mais il appartient à ceux qui m'ont
entendu et à ceux qui me liront de dire si
j'ai manqué de souffle patriotique, de
respect pour les morts, d'admiration pour
l'héroïsme, de justice envers les coupables,
d'intelligence touchant les vrais besoins
de notre situation. Un mot seulement au
fervent radical qui prétend que je conspire
contre le gouvernement de ses rêves. Il est
impossible d'être plus naïvement maladroit
qu'il ne l'a été. De ce que je fais appel
à Dieu, et lui demande pour la France
un pouvoir fort, respecté, indiscutable,
honnête, chrétien, il conclut que je veux
rappeler Henri V et renverser la République ;

mais alors la République, dans l'opinion de *ce monsieur*, ne peut donc pas être en bons rapports avec Dieu ni nous offrir le pouvoir fort, respecté, indiscutable, honnête, chrétien, dont nous avons besoin. Précieuse confession! je suis bien aise de l'entendre et de la faire connaître.

UNE
VILLE HÉROÏQUE

UNE VILLE HÉROÏQUE

> *Justus es, Domine, et omnia judicia tua justa sunt... Quoniam non obedivimus præceptis tuis, ideo traditi sumus in direptionem, et captivitatem, et mortem, et in fabulam et in improperium omnibus gentibus.*
>
> Vous êtes juste, Seigneur, et vos jugements sont équitables... Parce que nous n'avons pas obéi à vos saintes lois, vous nous avez livrés au pillage, à la captivité, à la mort, à la risée et aux reproches des nations.
>
> (*Tobie*, chap. III).

MESSIEURS,

La manifestation de ce jour nous rappelle une grande gloire et un grand deuil. Vous avez eu la pensée d'y associer l'Église, vous ne pouviez pas mieux faire, car non-seulement l'Église sait honorer l'héroïsme et pleurer le malheur; mais, fidèle à son ministère, elle sait tirer de tout ce qui nous rend fiers, comme de tout ce qui nous afflige, de salutaires leçons. Je viens, en son nom, rendre utile une solennité que vous rendez magnifique et touchante par votre concours, vos souvenirs et vos pieuses larmes. Permettez-moi donc de ne point me borner à un récit qui n'aurait d'autre résultat que de flatter l'amour-propre et de réveiller des tristesses stériles; mais, puisque je suis un homme de Dieu, laissez-moi vous montrer Dieu dans les événements au milieu desquels l'admirable défense de Châteaudun a pris une place si glorieuse et si digne de mémoire.

Je commence.

I

Nous oublions vite nos folies, Messieurs,
c'est le propre de notre caractère français ;
cependant il est juste de nous rappeler la
part que nous avons prise, par un mouvement d'opinion publique, aux origines
de la dernière guerre, bien qu'il faille en
faire peser sur d'autres la redoutable
responsabilité. Nous eussions préféré la
paix ; mais, dès que les hostilités furent

déclarées, nos instincts militaires se réveillèrent, l'enthousiasme fit explosion. Quels chants ! quels cris ! quelles tumultueuses espérances ! et, disons-le, quelle indécente présomption ! Le départ était une fête ; déjà nous tenions l'ennemi sous nos pieds, nous envahissions son territoire, et franchissions en triomphateurs les portes de sa capitale ; le Rhin allemand devenait français , c'était l'affaire de quelques semaines.

Promptement, hélas! il fallut s'apaiser. Après une misérable et burlesque escarmouche qui n'avait d'autre but que de satisfaire notre empressement, les mauvaises nouvelles se succèdent comme les coups d'un glas funèbre. Sous le couvert des forêts, d'immenses armées se sont avancées sans bruit. Elle surprennent et écrasent une de nos divisions à Wissembourg. Deux jours après, malgré les efforts chevaleresques du héros de Magenta, le premier corps en déroute quitte les plaines ensanglantées de Wœrth et de Reischoffen. Forbach, Spikeren, nouveau désastre. Partout le nombre et la stratégie l'emportent sur la valeur mal réglée. Borny, Gravelotte, Saint-Privat ne peuvent dégager l'armée du Rhin, condamnée désormais à des efforts impuissants, jusqu'à ce qu'elle ait épuisé sa dernière bouchée de pain. Il ne reste plus qu'une ressource. Mac-Mahon, l'unique préoccupation des Allemands, Mac-Mahon est debout avec des débris et des recrues. Il veut se replier sur la capitale, la préserver de l'investissement en tenant la campagne sous ses forts ; mais un inexplicable entêtement le repousse vers le Nord. Il va à la rencontre d'une catastrophe, il le sait ; son grand cœur reste ferme et le maintient au péril, jusqu'à ce que blessé, après une série d'engagements meurtriers, il résigne son commandement. Alors le trouble se met dans les conseils, le désespoir dans les rangs ; notre dernière armée, meurtrie, rompue, sans tête, voit braquées autour d'elle les bouches de quatre cents canons. L'ennemi a fait un coup de maître ; il a coupé toutes les voies et rabattu dans le piége de Sedan une foule égarée de quatre-vingt mille hommes, comme les traqueurs une compagnie de bêtes éperdues. Il faut se rendre. L'Empire sombre dans la honte, c'était juste ; mais au moment où s'écroulent

les dernières espérances qu'avait soute-
nues l'impudence des fausses nouvelles, la
France apprend avec stupeur que le gouvernement de la surprise vient d'être remplacé par une surprise et que la nation
confisquée passe aux mains de la Révolution.

Placé en face d'un pouvoir d'aventure,
l'ennemi se montre intraitable ; on s'en
console par des phrases orgueilleuses,
aujourd'hui admirées, demain méprisées
comme elles le méritent. La défense à
outrance est proclamée, ce qui n'empêche
pas maintes villes d'ouvrir tranquillement
leurs portes, et de montrer le chemin de
Paris aux lourds et innombrables bataillons
qui les traversent et vônt droit à leur
but. C'est fait, la capitale est investie,
l'armée allemande va opérer dans ses alen-

tours; chaque jour on apprend en tremblant quelqu'un de ses méfaits, un pillage,
un incendie, un assassinat; par dessus tous
les récits un cri lugubre retentit : Strasbourg
a capitulé! Plus libre de ses mouvements,
l'ennemi étend l'invasion; Orléans est pris;
les riches plaines de la Beauce sont inon-
dées.

Je me replie vers vous, Messieurs, j'entre
dans votre ville et je la vois en proie à une
douloureuse anxiété. Elle veut, elle ne veut
pas; elle abdique, elle se ravise. La contra-
diction des nouvelles augmente son trouble
et sa confusion. Cependant le péril est cer-
tain. Une nuée d'éclaireurs parcourt la
campagne. Lutz a reçu leur visite et va
bientôt brûler. Varize et Civry sont en feu;
ils paient d'un désastre immense leur cou-

rageuse résistance. Plus près, voici la fumée de Menainville et de Bassonville, puis, dans le ciel, une rougeur sinistre, reflet de la vengeance et présage du sort qui menace Châteaudun, si Châteaudun se défend.

Qu'allez-vous faire, Messieurs? Le pillage, l'incendie, la mort sont à vos portes. Les prudents enseignent qu'une ville ouverte doit se laisser rançonner sans mot dire et que toute défense de sa part est folie. Moi, j'estime qu'il est une folie proche parente de l'héroïsme, pareillement qu'il est une prudence fille de la lâcheté. Trop de villes ont été prudentes; l'évidente satisfaction avec laquelle l'ennemi les a traversées me semble démontrer qu'une défense eût retardé sa marche, contrarié ses opérations et peut-être empêché ces mouvements circulaires et ces concentrations qui nous furent si funestes.

Mais, bref, quoi que pensent et conseillent les prudents, vous avez combattu, Messieurs, et la France a pensé que c'était pour vous un immortel honneur, que vous avez bien mérité de la patrie. Le 18 octobre, date funèbre dans votre histoire, est aussi une date glorieuse.

Le 18 octobre, quelle journée! Après une matinée paisible, l'alarme se répand tout à coup dans les rues et les maisons. L'ennemi approche, le voici. Les cloches, les tambours, les clairons appellent aux armes, la fièvre s'empare des combattants. Contre douze mille, ils sont douze cents, dépourvus d'artillerie et n'ayant pour se protéger que des barricades construites à la hâte. Tout de même ils tiendront. Le bombardement commence sans sommation, c'est une habitude allemande. Trente bouches à feu vomissent sur tous les points des bombes incendiaires; églises, hospice, ambulance, on n'épargne rien; il n'y a plus de droit des gens. Mais du sein de la ville une fusillade ardente et sûre répond à cet orage. Hardis jusqu'à la témérité, les chefs eux-mêmes tirent à découvert pour encourager leurs hommes. Plusieurs succombent, on les remplace. Gardes nationaux et francs-tireurs rivalisent d'audace, pendant que les pompiers, au milieu d'une pluie de projectiles, s'efforcent d'éteindre les incendies qui commencent et que, au péril de sa vie, le maire, assisté de deux membres de la municipalité, veille sur l'Hôtel-de-

Ville. Je ne veux point nommer ici ceux qui se sont distingués : qu'ils soient morts, qu'ils aient survécu, j'aurais peur de commettre involontairement quelque injustice, dussé-je n'oublier qu'un seul des noms qui sont écrits dans vos mémoires et dans vos cœurs.

Enfin il faut céder au nombre, mais non pas sans un combat de rues dans lequel l'ennemi, deux fois repoussé, jonche le terrain de ses cadavres, et qui se termine par une merveilleuse retraite.

L'affaire est finie. Elle nous a coûté vingt-six morts et une quarantaine de blessés; de l'autre côté, deux mille hommes hors de combat. Deux mille hommes! c'est un crime horrible, Messieurs, il va falloir payer cela. A tout autre vainqueur, votre courage eût commandé la pitié, le respect, l'admiration. L'Allemand ne connaît point ces tendresses et n'a point ces sentiments désintéressés; la peur de pareilles rencontres lui commande la vengeance; il s'y met d'une manière atroce, digne des plus mauvais jours de la barbarie. Ces soldats étouffés par une discipline de fer ont besoin d'une compensation. Le massacre par ordre les console des brutalités dont ils sont victimes. Les voilà à la besogne; les portes cèdent sous leurs coups, ils chassent les habitants à la bayonnette et incendient leurs maisons avec une infernale méthode qui éloigne l'excuse de ces emportements auxquels se livre d'ordinaire la passion. Ils vont priver de leurs dernières ressources des pauvres qui n'ont pris aucune part à la défense; c'est égal, ils brûlent. On les supplie, on les conjure avec larmes, on leur fait des promesses; rien ne les émeut, ils brûlent. Des vieillards, des infirmes, des femmes, des enfants vont périr dans leurs lits ou dans les caves; qu'importe? Ils brûlent. Là où l'on a contenté leur voracité, ils brûlent. Le plaisir du manger tient une large place dans leur vie, mais pour eux une volupté plus grande, c'est le bruit des écroulements et la plainte des désespérés. Chose horrible, hideuse! des généraux, des princes même, descendent, comme de vulgaires bandits, au rôle d'incendiaires; le feu est une solennité qui complète leurs victoires. « Admirable « spectacle, s'écrient-ils, qu'une ville en

« flammes! Il faut que ce soit le sort
« de la France entière, que femmes,
« enfants, vieillards, tout y passe. » Ces
paroles ont été dites, Messieurs, devant
cent-quatre-vingt-dix-sept maisons brûlées
à la main, en réjouissance de la glorieuse
journée où les vainqueurs étaient dix contre
un. Après l'incendie, le pillage; avec le pillage l'assassinat; pour couronner tout cela,
l'orgie! Elle dure deux jours entiers, après
quoi les barbares s'éclipsent sous le coup
d'une alerte. La ville, livrée à elle-même,
va pouvoir mesurer l'étendue de ses
désastres. Rien de plus tragique : partout
des décombres fumants, des murs qui
s'écroulent, des fers qui se tordent encore,
des mobiliers, l'unique richesse d'une foule
de travailleurs, entièrement réduits en

cendres, et, sous cet amas de ruines, des os humains calcinés. On doit s'attendre à des larmes, des gémissements, des cris de colère; rien de tout cela. La douleur de Châteaudun est digne comme fut grand son courage. Un légitime orgueil suspend ces sentiments tumultueux qui agitent le cœur de l'homme après une catastrophe. On pleurera plus tard, maintenant il faut être impassible et fier; on s'est bien défendu.

Oui, nobles citoyens, vous vous êtes bien défendus. N'écoutez pas ceux qui, pour s'excuser d'avoir été trop coulants sur la résistance, vous accusent d'une sauvage témérité; ne tenez aucun compte des louanges emphatiques et des grotesques fanfaronnades de ceux qui, loin du péril, perdaient leur temps en rixes honteuses; mais soyez glorieux du témoignage de votre conscience; soyez glorieux des sympathies, de l'admiration et des larmes de ceux qui ont souffert. Les défenseurs de Saint-Quentin sont venus vous rendre hommage, ils savent ce que c'est que le courage malheureux. Que de fois j'ai entendu dire dans une ville aujourd'hui captive [1] : « Honneur à « Châteaudun! honneur à Saint-Quentin! « Pourquoi n'a-t-on pas partout imité leur « exemple? pourquoi leur dévouement a-« t-il été inutile? »

Messieurs, jamais le dévouement n'est inutile. Quoi qu'il arrive, il est beau pour une ville d'accomplir un devoir sacré, de

(1) Metz. (Voyez à la fin du discours : *Note des éditeurs*).

laisser à l'avenir une noble et salutaire leçon, d'acquérir un nom illustre, enfin d'avoir dans son histoire une page comme celle que vous avez écrite avec votre sang. Honorez donc vos morts après les avoir pleurés, vous en avez bien le droit. Couvrez-les d'un monument qui raconte à vos enfants votre héroïque défense et transmette à la postérité ce témoignage de votre valeur : Châteaudun a bien mérité de la patrie.

Un orateur profane s'arrêterait ici, Messieurs, et il aurait raison. Moi, j'ai à remplir mon devoir d'homme de Dieu, et à vous montrer dans vos ruines, non plus les preuves de votre héroïsme, mais les cicatrices de nos péchés.

II

Messieurs, vous êtes trop bons Français pour oublier que le désastre de vos foyers domestiques n'est qu'un épisode dans le désastre de la patrie. Hontes, violences, dépouillements, ruines, massacres, rien ne nous a été épargné. Notre malheur est si grand que nous faisons pitié aux peuples qui nous entourent; pitié importune, plus

difficile à endurer que nos maux eux-
mêmes.

A ces maux notre âme anxieuse cherche
des remèdes, et voici que les beaux par-
leurs et les philosophes d'occasion nous
proposent je ne sais quelle patience hau-
taine, fille de l'orgueil et de la présomption
qui trompe l'homme malheureux et laisse
passer stériles, sur sa vie désolée, les flots
amers de la douleur. Ignorants, aveugles,
insensés! Faire les grands et les dédai-
gneux au milieu de pareilles calamités,
admirer avec une vaine confiance ce reste
de sève qui agite encore les membres de
la France mutilée, est-ce que cela peut
détourner les coups de la force mystérieuse qui nous poursuit et nous accable?
Soyons donc sages, et pour faire face à

nos malheurs sachons d'où ils viennent.

Hélas! rien de plus étrange et de plus navrant que les méprises et l'aveuglement de l'esprit public à cet égard. Rivé à des causes subalternes, il donne au monde entier le ridicule spectacle des querelles de partis, et nous fait assister à un quotidien échange de récriminations et d'injures dont les honnêtes gens ne recueillent qu'un profond dégoût et un immense découragement. Que nous ayons été victimes d'un régime exécrable; tenus par lui à l'écart des affaires publiques que malmenaient une légion d'intrigants faméliques; endormis dans une fausse sécurité, quand nous n'étions pas subitement réveillés par de fausses alertes; corrompus à dessein pour être plus souples; savamment conduits à étouffer, dans l'enivrement de la prospérité et du plaisir, les sentiments patriotiques qui furent jadis notre ferme soutien dans les combats; trompés par des victoires ruineuses qui nous isolaient; sacrifiés par un dernier coup à des susceptibilités puériles, à des rêves insensés, à des compétitions misérables; c'est vrai. Qu'il y ait eu contre le pouvoir que l'on appelait fort une incessante conspiration d'ambitieux et d'incapables; que cette conspiration se soit exprimée par une opposition systématique à toutes les précautions militaires qui eussent assuré, dit-on, nos victoires; que, devenue triomphante, elle ait substitué, en présence de l'ennemi, les intérêts de parti aux intérêts du pays; qu'elle ait aggravé ainsi notre déshonneur et nos charges; c'est vrai encore; mais rien de tout cela ne saurait nous expliquer l'habileté surhumaine et la savante méthode qui ont ourdi la trame de nos infortunes nationales. Toute âme clairvoyante, dans des effets si grands, si soudains, si parfaitement d'accord avec notre perversité, doit reconnaître cette force mystérieuse dont j'ai parlé tout à l'heure. C'est Dieu, Messieurs : Dieu, le patient, le fort, le vengeur. Il attendait son heure; son heure venue, il a frappé avec cette irrésistible colère que conduit toujours la sagesse.

Laissons donc aux chroniqueurs vulgaires, qui se permettent de philosopher en racontant nos infortunes, le soin de ménager notre amour-propre et d'endormir notre indifférence; compromis eux-mêmes dans les prévarications publiques, ils n'ont ni la force ni le courage de faire davantage ; mais nous ! apôtres du vrai, censeurs de l'iniquité, nous, chargés, par état, d'importuner les âmes coupables et de leur annoncer les jugements du Ciel, nous, qui, dans ces temps qu'on appelait heureux, n'avons pas cessé de condamner et de prophétiser, nous, dont la libre parole a plus d'une fois rencontré les protestations des corrompus et des timides, nous !... nous ne pouvons pas taire les véritables causes de nos malheurs.

Chaque homme a ses démêlés avec la Providence, et souvent ces démêlés ne se terminent que dans une autre vie. A des prospérités scandaleuses succèdent alors des malheurs effroyables qui demeurent un mystère, jusqu'au jour des révélations éternelles. Mais les peuples, n'ayant pas d'autre existence que celle dont les phases variées se déroulent aux yeux de l'histoire, doivent voir s'accomplir ici-bas leurs destinées. Tous les crimes privés qui, en s'accumulant, deviennent un crime public, reçoivent en temps opportun la visite de la justice divine. C'est particulièrement à l'égard des nations aimées que cette justice se montre plus sévère, parce que leur péché s'accroît en proportion des bénédictions dont elles ont été comblées.

« O Dieu, s'écriait Moyse priant pour « Israël, ce peuple a commis le plus grand « des péchés : *peccavit populus iste peccatum* « *maximum* [1] » ; et le vieux Tobie dans les douleurs de l'exil : « Nous avons violé toutes « les lois, c'est pour cela que nous avons été

[1] *Exode,* ch. XXXII, v. 31.

« livrés au pillage, à la captivité et à la mort,

« à la risée et aux reproches des nations.

« *Non obedivimus, ideo traditi sumus in derep-*

« *tionem, in captivitatem et mortem, et in fabu-*

« *lam et in improperium omnibus gentibus.* »

Aujourd'hui, Messieurs, Israël c'est la France.

Déchirons d'une main hardie le voile dont

elle couvre sa conscience impénitente,

disons-lui ses péchés, afin qu'elle en com-

prenne le châtiment. — Elle a outragé la

majesté de Dieu, elle a profané les jours

saints, elle a trahi l'Église, elle a conspiré

contre l'ordre social, elle a déshonoré et

amoindri la famille, elle s'est énervée et

avilie par l'abus des jouissances et des

plaisirs. Tant de crimes ont préparé, avec

son impuissance dans le péril, les terribles

revendications de la justice divine.

Il y a eu de tout temps des blasphéma-
teurs; jamais, que je sache, aucune époque
n'a produit, autant que la nôtre, ce fruit
maudit de la science pervertie et de l'igno-
rance orgueilleuse. Aux attaques partielles,
qui épuisaient les efforts des siècles passés,
a succédé une guerre générale contre toutes
les vérités qui dominent et régissent les
régions inférieures où s'exerce l'expérimentation des sens. Dieu séparé du monde et
condamné à une paresseuse contemplation
de sa beauté, Dieu confondu avec tous les
êtres et emporté dans les fluctuations de
leur existence, Dieu successivement dé-
pouillé de tous ses attributs essentiels pour
devenir un être progressif, Dieu définitive-
ment contenu dans les rivages de la matière,
Dieu réduit à n'être plus qu'une idée, qu'un

mot, Dieu supprimé comme rétrograde et antihumanitaire, et, sous le coup de cette suppression, l'âme, la morale, la vertu, la religion, la vie future s'écroulant : tel est, Messieurs, le résumé des blasphèmes qui, depuis trente ans surtout, retentissent aux oreilles de la jeunesse et du peuple. Les protestations de l'Église n'ont pas pu les empêcher de tracer leur sillon dans les âmes, car des mains mêmes d'où devait venir la répression descendaient les récompenses et les honneurs. Les meilleures chaires et les plus gros traitements étaient réservés à l'impiété la plus hardie; à la veille de nos désastres nous avons vu se dresser, par ordre, la statue de celui qui poussa contre le christianisme ce cri de guerre trop bien obéi : Écrasons l'infâme.

C'était ainsi qu'on appelait la bénédiction du Ciel sur nos armes. Après cela est-il étonnant qu'on n'entende plus sortir de la bouche d'une foule de gens que des imprécations horribles et que la vie publique soit devenue, par son grossier matérialisme, un blasphème en actions?

Si Dieu n'est pas, pourquoi lui faire une place dans notre existence? Il s'est réservé un jour par semaine, jour de fête populaire qui suspend les travaux et prépare les âmes trop fatiguées des étreintes de la matière au repos, aux contemplations et aux cantiques de la fête éternelle. Des nations infidèles à la doctrine catholique respectent encore cette loi mystérieuse, profonde, salutaire; chez nous les temples presque déserts et, à leurs portes, l'agitation de notre vie attestent qu'il n'y a plus de Dimanche, plus de halte dans le travail et la fatigue. Apre au gain, l'homme accapare tout le temps qui mesure sa vie, à moins que, par une monstrueuse substitution, il ne consacre au dieu de la débauche le lendemain du jour saint qu'il a profané.

Une si grande impiété envers Dieu ne peut laisser subsister le respect de l'Église. Autrefois nous nous faisions gloire d'être ses fils aînés et les champions de son honneur; quelques âmes choisies ont recueilli, de nos jours, cette succession, mais la masse, systématiquement corrompue, a fermé l'oreille à la voix maternelle de l'Église et s'est laissé engager dans une sourde persécution qui semble l'avoir amenée au penchant de sa ruine. Le dépouillement et l'esclavage dont elle est aujourd'hui victime, dans la personne de son chef, un pouvoir hypocrite les a pré- parés de longue main. Ses solennelles assurances, le mouvement qu'il s'est donné pour satisfaire l'opinion catholique n'étaient, nous le savons maintenant, que des feintes sous lesquelles il cachait son dessein, et de ce dessein la France était complice par les encouragements qu'elle prodiguait aux hosti- lités de la presse et des hommes d'État.

Du reste cette conduite était le fruit naturel des tristes principes pour lesquels nous professons, plus par habitude que par conviction, une admiration ridicule. Nous avons voulu reconstruire l'ordre social, nous n'avons fait que ruiner ses fondements. N'est-ce pas chez nous qu'on rencontre cet amour effréné de la liberté qui ignore les limites de la licence? chez nous qu'on voit l'autorité avilie refuser systématiquement l'alliance et l'appui de l'autorité de Dieu? chez nous qu'on proclame, sans explications et sans réserves, la souveraineté des masses, souveraineté imbécile autant qu'impie, qui détruit la sainteté des serments, maintient la révolution en permanence et fait passer toute une nation des mains de l'aventurier qui l'exploite, aux mains des intrigants et des fous qui compromettent son existence? Aussi sommes-nous devenus une vile matière d'expérimentation pour les agitateurs cosmopolites et un objet de défiance pour les pouvoirs réguliers. Ajoutez que, dans nos théories comme dans la pratique de nos relations internationales, nous avons depuis longtemps remplacé le culte de la justice par l'adoration du succès et des faits accomplis, nous condamnant à subir, au jour de nos revers, le contre-coup fatal de cette grande iniquité.

Encore s'il restait à nos foyers l'amour fidèle et le respect de la nature d'où sortent les familles nombreuses et les fortes races ! mais, hélas ! le monde a des pardons faciles pour les trahisons domestiques, et partout des calculs d'intérêt ou des terreurs égoïstes étouffent la vie dans son germe : au lieu de se réjouir comme l'arbre fertile de la multitude de ses fruits, l'homme se fait une gloire des retranchements sacriléges qui appauvrissent sa postérité et dépeuplent son pays.

Et pourquoi cela, Messieurs ? parce que

l'on veut s'épargner de la peine, jouir promptement, jouir beaucoup, et transmettre une existence facile à des enfants plus empressés d'être des viveurs que des travailleurs. Moins nombreux ils sont au partage, plus vite ils sont au plaisir. Ils y oublient le devoir, tuent les sentiments généreux et tarissent dans la débauche la vie qu'attend une autre génération.

De l'abîme de nos maux un cri s'est échappé : Trahison! On ne pouvait pas croire que nous fussions vaincus sans avoir été livrés. Le traître, Messieurs, c'est la nation qui se plaint. Si nous nous sommes trouvés tout à coup sans direction à la merci de l'esprit de parti, s'il a été difficile de rencontrer des hommes, plus difficile encore de les soumettre aux salutaires rigueurs de la discipline militaire, si le commandement a été nul, l'obéissance plus nulle encore, si l'égoïsme a ouvert tant de villes à l'ennemi et accéléré sa marche, si tant de grêles jeunes gens ignoraient l'art sacré de mourir avec honneur, c'est notre faute, notre très-grande faute. Toutefois la chance eût été moins funeste, si nous n'eussions mérité, par nos attaques directes contre Dieu, les trahisons de sa justice. Oui, nous avons été livrés, *traditi sumus*. Après avoir patiemment attendu, Dieu a mis la main sur l'homme et sur le peuple qu'il fallait pour nous châtier.

L'homme rêve pour lui-même une gloire sans précédent, pour sa race une unité gigantesque. Il veut créer au centre de l'Europe un peuple immense, capable de tout écraser qu'il se penche à droite ou à gauche. Patient scrutateur des faiblesses de ceux qu'il veut opprimer, il en suit toutes les phases et frappe à son heure. Sceptique du reste et sans conscience, rompu à l'espionnage, respirant sans étouffer l'air méphitique de la trahison, habile à mentir autant qu'à feindre l'innocence, possédant l'art infernal de se faire provoquer et de passer pour victime, enhardi par un premier succès au point de ne plus croire à un échec, hautain, dur, inflexible, ne cédant rien, faisant de sa volonté le droit, poussant aux cruautés, impudent jusqu'à les excuser. Méphistophélès doublé d'Attila.

Aux ordres de cet homme, un peuple qui porte à son flanc la blessure d'Iéna et auquel on a fait espérer une revanche, depuis ce temps toujours en armes, nombreux parce qu'il ignore l'odieux mystère qui déshonore et dépeuple nos familles, respectueux pour l'autorité, souple entre ses mains, façonné à la discipline, masse énorme et compacte au service de la mécanique, capable d'obéir jusqu'à l'oubli de toute crainte pour lui-même et aussi de toute pitié pour les autres, étranger aux délicatesses de l'honneur, sans conscience de ce qui est vil, rapace comme tous les affamés, oubliant, si on les lui commande, que le vol et l'assassinat sont des crimes, trop valet pour ne pas imiter ses maîtres.

Voilà, Messieurs, les verges de la justice divine. Pendant six mois elles ont frappé à coups redoublés. Nous leur avons demandé grâce, mais elles pèsent encore sur nos épaules meurtries. Dieu a vengé sa gloire.

En vain nous ferons les entendus et chercherons à nous distraire du divin dans nos malheurs par des suppositions; les suppositions, se retournent contre nous. Qu'avez-vous à dire ? ou plutôt que dites-vous ? — Vous dites : — Si nous avions tenu compte des informations qui nous étaient données par des hommes sincères, si nous n'avions pas poussé les susceptibilités à outrance, si nous avions mesuré nos forces, la guerre était évitée. — Si tel général ne s'était pas laissé surprendre, si tel autre était arrivé à l'appel du canon, Wœrth n'était plus qu'une bataille douteuse. — Si l'on eût combattu plus à fond, Gravelotte devenait un triomphe et la plus belle armée du monde n'eût pas été réduite à l'impuissance. — Si l'on eût multiplié les résistances partielles, la marche de l'ennemi eût été retardée. — Si, au lieu de tenter l'aventure du Nord, on se fût replié vers le centre, Paris eût sauvé la France. — Même après le désastre de Sedan, si les hommes de parti avaient écouté les inspirations du patriotisme plutôt que celles de la haine et de l'ambition, si l'ennemi avait eu en face de lui une assemblée respectable et non un groupe d'aventuriers, la paix eût été faite dans de meilleures conditions. — Si les avocats devenus dictateurs avaient songé à la France plutôt qu'à leur problématique République, s'ils n'avaient eu la sottise de se transformer en hommes de guerre, nos dernières armées,

encore debout, nous eussent épargné, peut-
être, la honte et les duretés qu'il a fallu
subir!...

Si! si! si! — Mais ne voyez-vous pas,
Messieurs, que c'est précisément à cette
incompréhensible accumulation de négli-
gences, de faiblesses, de terreurs, de méprises, d'erreurs, d'aveuglements, de trouble,
de folie, que se reconnaît la main de
Dieu. Tout ne peut manquer à la fois,
si le maître de la vie n'aveugle jusqu'à la
démence ceux qu'il veut perdre. *Quos vult
perdere Deus dementat.* Les impies blasphé-
maient encore son nom et le chassaient
des lieux où l'on instruit l'enfance, pendant
qu'il sévissait, et on les laissait faire; mais
les bonnes gens, hébétés par tant de catas-
trophes, s'écriaient dans leur langue naïve :

On dira ce qu'on voudra, ça n'est pas naturel. Non, pas naturelle la foudroyante soudaineté de tous ces écrasements, pas naturelle non plus la savante appropriation des châtiments à nos péchés.

Nous avons outragé la sainte majesté de Dieu, et voilà que la bouche de l'hérétique qui nous foule aux pieds publie sa gloire. Étonné de sa bonne fortune, il se croit obligé de reconnaître qu'il n'est qu'un vengeur entre les mains d'un offensé. Nos blasphèmes étaient fils de notre orgueil, et voilà que nous plions sous le faix d'une humiliation sans exemple. On a vu des massacres immenses, mais toutes les forces vives d'une nation prises, comme dans un filet, par troupes de quatre-vingt et cent mille, c'est unique dans l'histoire.

Nous avons refusé de célébrer les joyeuses fêtes auxquelles Dieu nous conviait, et voilà qu'il faut célébrer de lugubres anniversaires; nous avons violé la loi du repos sacré, et voilà que nous sommes condamnés par l'incertitude de notre situation à des chômages ruineux.

Nous avons abandonné l'Église qui comptait sur notre protection, et tous les peuples nous abandonnent à l'heure du péril; dans la mesure de notre trahison notre malheur s'aggrave; chaque date a son funeste écho dans la guerre. Le jour où nos soldats quittent Rome, notre première division est écrasée; le jour où nos vaisseaux s'éloignent des rivages de l'Italie, la bataille de Wœrth est perdue; le jour où le territoire de l'Église est envahi, l'Empire sombre à Sedan et entraîne quatre-vingt mille hommes dans sa chute; le jour où Rome est prise, Paris est investi.

Nous avons conspiré contre toute autorité, et voilà que, après avoir donné au monde le spectacle d'un peuple sans tête, victimes d'une anarchie déguisée, nous sommes à la merci des tyranniques exigences de nos vainqueurs.

Au sein de ces familles où l'on prenait des mesures abjectes contre la vie, il y a maintenant des douleurs inconsolables et d'irréparables absences.

Enfin, ces richesses dont nous abusions pour jouir et nous corrompre, elles passent aux mains des ravisseurs.

O mon Dieu! j'ai cru qu'on ouvrirait les yeux devant une si évidente manifestation de vos justes et sages colères ; j'ai cru que la voix du peuple prévaricateur s'élèverait vers le ciel pour demander pardon ; mais je n'ai rien entendu, et vous avez laissé faire. Alors, aux horreurs de la guerre sont venus s'ajouter les opprobres et le deuil d'une lutte fratricide. Français contre Français nous nous sommes disputé les restes d'un pouvoir déconsidéré. Après l'œuvre des barbares, il faut pleurer l'œuvre des bandits. La grande légion des misérables a tiré les conséquences des doctrines impies qui l'ont pervertie ; instruite à mépriser Dieu, elle s'est mise à sa place ; fatiguée de souffrir sans consolation, elle a voulu tout avoir pour jouir à son tour. La ville superbe est tombée en son pouvoir. — Paris !

Tout ce qui a été dit de l'odieuse Babylone peut être dit de son orgueil, de son luxe, de sa corruption. Bâtie au mépris des saintes lois de Dieu, elle est devenue immense. Ici des voies spacieuses, comme pour mieux étaler les vaines pompes et les scandales du monde, là des réduits obscurs comme pour mieux cacher les vices et les scélératesses. Prostituée de tous, elle a tendu à tous la coupe remplie de sa fausse science, de ses rêves insensés, de ses plaisirs immondes, et tous venaient boire, et tous retournaient enivrés pour corrompre au loin ceux qu'elle ne pouvait atteindre. La malédiction l'a visitée. Les étrangers ont apporté à ses enfants pour la détruire le tribut de leur fureur barbare. Aujourd'hui ses monuments et ses palais

renversés, ses maisons incendiées ou muti-
lées proclament que Dieu est juste et que
ses jugements sont pleins de droiture.
Justus es, Domine, et rectum judicium tuum [1].

Mais au milieu de nos ruines, quel est ce
sang répandu? Horreur et bénédiction!
C'est le sang d'un pontife, le sang de ses
prêtres, le sang des innocents. Il faut à
Dieu des sacrifices de victimes pures qui
renouvellent l'immolation du calvaire où le
Saint expira pour les péchés du monde. Ils
sont tombés en priant et en bénissant les
justes de Babylone; le baume sacré qui
s'échappe de leurs plaies va descendre
sur les yeux des pécheurs; les pécheurs
verront Dieu, et, après avoir adoré sa
justice, ils se jetteront entre les bras

[1] Psaume 118.

de sa miséricorde. — Eh bien! non, encore une fois je me suis trompé. Le blasphème ne tarit pas dans la bouche et sous la plume des impies, les profanations s'étalent au grand jour, l'Église persécutée ne recueille que de rares et timides sympathies, la révolution s'anime au combat, l'amour du plaisir se réveille comme d'un assoupissement, le rire réclame des droits. Le Seigneur nous a envoyé la mort et nous ne sommes pas encore revenus à lui. *Misi in vos mortem et non redistis ad me*[1]. Rien n'est changé dans la nuit qui nous entoure, rien dans l'endurcissement qui pétrifie nos cœurs, rien non plus dans les desseins de Dieu; il est toujours prêt à de terribles vengeances.

[1] *Amos,* chap. IV, v. 10.

Vous le sentez, Messieurs, et vous n'osez pas l'avouer. De mystérieux frissons courent d'un bout à l'autre du pays; on se demande avec anxiété ce qui arrivera demain. L'ambition sénile d'un pouvoir déchu qui conspire encore sous les coups du mépris public, l'audace et les espérances sauvages des vaincus de l'anarchie, les hésitations trop naturelles de ceux qui tiennent en mains nos destinées, les divisions des âmes honnêtes, le malaise, le trouble des affaires, tout présage une crise suprême dans laquelle peut s'échapper notre dernier râle si Dieu ne la conjure. Mais la conjurera-t-il? cela dépend de nous. Tout en menaçant, Dieu nous ouvre ses bras et attend que nous prenions le chemin qui conduit à son cœur. Nous ne pouvons pas nous tromper, car ce chemin nous est indiqué par le père de la famille chrétienne, l'illustre et infortuné captif du Vatican. A tous ceux qui l'approchent, Pie IX ne cesse de répéter ces deux mots qui résument nos devoirs de l'heure présente : pénitence, prière! Pénitence, prière! c'est aussi le cri des âmes saintes qui vivent dans l'intimité de Dieu et semblent posséder les secrets de l'avenir. Pénitence, prière! la raison elle-même nous commande ces deux actes réparateurs et conservateurs.

Nous reconnaissons que, trop souvent, l'énergie et le patriotisme nous ont fait défaut dans la terrible lutte où nous avons succombé; mais redeviendrons-nous forts et patriotes si nous ne nous repentons efficacement de la molesse et de l'égoïsme de notre vie? L'indiscipline nous a perdus; mais serons-nous mieux disciplinés si nous n'abjurons les principes licencieux qui détruisent dans nos âmes le respect de toute autorité? Dieu est manifestement devenu notre ennemi; mais se retournera-t-il vers nous avec des sentiments plus tendres, si nous refusons de reconnaître l'équité de ses jugements, de lui demander pardon de nos prévarications, de lui rendre par de libres humiliations, de volontaires souffrances et un sincère retour à la vie religieuse, la gloire que lui ont ravie nos blasphèmes, nos impiétés, nos trahisons? Nous avons cherché partout des alliances et partout nous avons dû subir la honte d'un refus; eh bien! cessons de faire le tour du monde et demandons par la prière une alliance qui ne nous sera pas refusée, la plus enviable et la plus salutaire de toutes les alliances, l'alliance du Ciel. Cette alliance a des précédents dans l'histoire. Gédéon, les Machabées, la Légion fulminante, Huniade, Scanderberg, Sobieski, les héros de Lépante et, chez nous, l'illustre Jeanne d'Arc en sont les immortels témoins.

Messieurs, croyez-moi : il n'est plus temps de s'aveugler sur l'instabilité de notre situation, plus temps de se confier dans les habiletés de la politique et dans ce qu'on appelle les forces vives du pays, plus temps de compter sur les efforts précaires d'un gouvernement sans lendemain, quelque honnête qu'il soit. Rentrons en nous-mêmes, repentons-nous, prions. Aucune réforme politique, sociale, militaire, administrative, ne vaudra la réforme de nos âmes, aucun traité d'alliance avec les puissances de la terre ne vaudra l'alliance du roi des rois.

O Dieu qui avez tant aimé la France, ayez pitié de sa détresse! si elle ne peut pas couvrir la multitude de ses fautes, arrêter les derniers coups de votre colère, que ses expiations et ses vœux tempèrent, au moins, le châtiment qu'elle attend en tremblant et hâtent le retour de votre miséricorde!

O France! ma France bien-aimée, je te prie avec larmes, comme autrefois les prophètes priaient l'infortunée Jérusalem : Reviens au Seigneur ton Dieu; *convertere ad Dominum Deum tuum.* Il t'appelle, il veut te sauver. C'est lui qui te donnera le pouvoir fort, respecté, indiscutable, honnête, chrétien, qui doit rassembler tes forces rompues et te remettre sur le chemin de l'honneur et de la gloire; c'est lui qui ressuscitera dans ton cœur les mâles vertus de ta jeunesse; c'est lui qui rendra à ta couronne les deux fleurons qu'une main ennemie a détachés. O ma patrie, ma chère patrie! redeviens la France de Dieu et il redeviendra, Lui, le Dieu de la France!

NOTE DES ÉDITEURS

—

Nos lecteurs nous sauront gré de mettre sous leurs yeux cet extrait de l'*Univers* du vendredi 5 mai 1871 :

« Le T.-R. Père Monsabré, de l'ordre des Dominicains, n'ayant pu prêcher ses conférences cette année à Notre-Dame de Paris, a été envoyé par ses supérieurs donner la station du carême à Metz. Sa parole éloquente eut bientôt réuni autour de la chaire de la cathédrale un immense auditoire qui n'a cessé de l'entourer jusqu'à la fin de sa religieuse sympathie. Les autorités prussiennes (il faut bien le dire), n'ont nullement entravé la liberté tout apostolique du grand orateur. Le saint jour de Pâques, jour des adieux, à la fin de son magnifique sermon

sur la résurrection de Notre-Seigneur, le Père, entraîné
par son cœur de catholique et de Français, laissa
échapper ces accents :

« Les peuples aussi ressuscitent quand ils ont été
« baignés dans la grâce du Christ, et quand, malgré
« leurs vices et leurs crimes, ils n'ont pas abjuré la
« foi. L'épée d'un *barbare* et la plume d'un *ambitieux*
« ne peuvent pas les assassiner pour toujours. On
« change leur nom, mais non pas leur sang. Quand
« l'expiation touche à son terme, ce sang se réveille
« et revient par sa pente naturelle se mêler au courant
« de la vieille vie nationale. Vous n'êtes pas morts
« pour moi, mes frères, mes amis, mes compatriotes !...
« Non, vous n'êtes pas morts. Partout où j'irai, je
« vous le jure, je parlerai de vos patriotiques douleurs,
« de vos patriotiques aspirations, de vos patriotiques
« colères ; partout je vous appellerai des Français,
« jusqu'au jour béni où je reviendrai dans cette cathé-
« drale prêcher le sermon de la délivrance et chanter
« avec vous un *Te Deum* comme ces voûtes n'en ont
« jamais entendu. »

« Le Père allait sans doute remercier ce brave
peuple des consolations spirituelles qu'il lui avait
données pendant le carême ; mais il n'en eut pas le
temps, l'auditoire se leva tout entier et éclata en

applaudissements. Il n'eut que le temps de se sauver à la sacristie. Les hommes l'ont accompagné jusqu'à l'évêché et l'ont remercié avec émotion, en prenant acte de ses promesses. Le saint évêque de Metz, éprouvé par tant de douleurs, était triomphant.

« Le *Journal de Maine-et-Loire,* à qui nous empruntons cet émouvant récit, en garantit l'authenticité. Il ajoute qu'il n'a pas été publié plus tôt, par crainte des autorités prussiennes. »

www.ingramcontent.com/pod-product-compliance
Lightning Source LLC
Chambersburg PA
CBHW061759050726
47598CB00002B/796